AF249982

RÉPONSE

A L'ÉCRIT INTITULÉ:

LYON EN 1817, PAR LE COLONEL FABVIER, AYANT FAIT LES FONCTIONS DE CHEF DE L'ÉTAT-MAJOR DU LIEUTENANT DU ROI DANS LES 7e ET 19e DIVISIONS MILITAIRES.

RÉPONSE

DE

M. LE LIEUTENANT-GÉNÉRAL

CANUEL,

A L'ÉCRIT INTITULÉ:

LYON EN 1817, PAR LE COLONEL FABVIER, AYANT FAIT LES FONCTIONS DE CHEF DE L'ÉTAT-MAJOR DU LIEU-TENANT DU ROI DANS LES 7e ET 19e DIVISIONS MILITAIRES.

« Les Lyonnais, comme la France, aiment sur-tout à rappeler
« ce qu'ils doivent à la fermeté si active, si sage, si mesurée du
« lieutenant-général Canuel, qui a pourvu à tout, sauvé les
« coupables de leurs propres excès, et assuré le triomphe de la
« cause royale contre de criminelles et folles entreprises, malgré
« les distances et la diversité des points où des attaques étaient
« présumables. »

(*Extrait du Journal des Maires du 24 juin 1817.*)

PARIS,

J. G. DENTU, IMPRIMEUR-LIBRAIRE,

rue des Petits-Augustins, n° 5 (ancien hôtel de Persan).

1818.

RÉPONSE

A L'ÉCRIT INTITULÉ:

Lyon en 1817, par M. le colonel FABVIER*, ayant fait les fonctions de chef de l'état-major du lieutenant du Roi dans les 7ᵉ et 19ᵉ divisions militaires.*

———

DE tous les sentimens qui se sont élevés dans mon ame en lisant le pamphlet intitulé *Lyon en* 1817, par le colonel Fabvier, le seul qui y soit resté est celui de la pitié. En effet, comment ne pas plaindre un homme qui se précipite en aveugle dans un océan de calomnies, pour servir les passions de ceux qui, peut-être, l'ont jeté d'abord en enfant perdu dans la carrière; sauf à le secourir ensuite, ou à l'abandonner, suivant le crédit qu'obtiendront ses mensonges, ou la défaveur dont ils seront frappés par l'opinion publique.

Je ne sais si l'esprit de parti n'a pas eu la

plus grande part à la rédaction du libelle de
M. Fabvier ; mais ce que je sais très-bien, et
ce que j'affirme sur l'honneur, c'est que cet
écrit renferme les plus abominables calomnies.

Quoi ! c'est à la face de cent cinquante mille
témoins de ce qui s'est passé à Lyon ; c'est à la
face de toute la population d'un département,
qu'on a la hardiesse de dire que tout dans cette
affaire est imaginaire !

Quoi ! c'est après les débats solennels de
plusieurs procédures où les accusés se sont
avoués coupables, ont déroulé eux-mêmes
tout le plan de la conspiration, qu'on vient
nous dire qu'il n'y a pas eu de conspiration !
Il y a des hommes qui nient la lumière. Le
pamphlétaire cependant ne va pas jusque-là ;
il a l'ingénuité d'avouer que le tocsin s'est fait
entendre, à la vérité, dans *onze communes*
du département du Rhône.

Est-ce au cri de *vive le Roi !* et sous l'éten-
dard des lys, ou bien en invoquant le nom
de l'usurpateur, de son fils, de la république,
sous les couleurs tricolores, que les communes
se sont réunies en armes au son du tocsin ?
Dites, si vous l'osez, que c'est au nom chéri
du Roi toute la population du département

du Rhône attestera qui de vous ou de moi soutenons la vérité.

Dans l'impuissance de nier le mouvement du 8 juin, il a fallu recourir à un autre moyen: il était difficile à trouver. Mais à quoi ne peuvent atteindre l'envie de nuire et le besoin de calomnier! Avec un peu d'adresse, beaucoup de mauvaise foi, et sur-tout un air d'assurance, on en impose au public, qui, malheureusement, prend trop souvent des allégations pour des preuves.

On a donc eu recours au plus odieux de tous les moyens, comme à celui qui devait produire le plus d'effet. On a osé accuser les autorités civiles et militaires de Lyon, une exceptée, d'avoir tramé la conspiration, pour se faire un mérite auprès du Gouvernement de l'avoir arrêtée, et faire sonner bien haut l'important service qu'elles venaient de rendre. Et quand se hâte-t-on de mettre au grand jour ce chef-d'œuvre d'invention? huit mois après l'évènement. Quelles preuves apporte-t-on à l'appui d'une si étrange accusation? des allégations. M. Fabvier s'est-il flatté qu'on le croirait sur parole? Quelle garantie donne-t-il de son impartialité? On ne la rencontre dans aucune page de son écrit. On n'y voit, au contraire, qu'un homme attaquant avec violence, et nous osons dire sans raison, des autorités qui avaient droit à ses respects.

On n'attendra sûrement pas de moi que j'apporte à l'appui de ma réponse, les pièces qui pourraient confondre l'imposture : ce n'est pas qu'elles me manquent ; mais je pense que ce que je dis, moi qui n'ai jamais trahi personne, mérite du moins autant de croyance que ce qu'ose avancer l'auteur du libelle.

Il nous dit : page 4, « *Le Gouvernement* « *possède les matériaux qui peuvent l'éclairer* « *sur cette affaire : sa sagesse saura bien* « *choisir l'instant où il sera utile de faire* « *connaître la vérité.* »

Il est fâcheux que M. Fabvier n'ait pas recueilli au moins quelques-uns de ces matériaux, et qu'il ne les ait pas fait imprimer pour justifier son écrit. Je ne sais pas jusqu'à quel point le Gouvernement l'a mis dans sa confidence ; mais ce que j'oserais avancer, c'est qu'il n'a pas pu l'autoriser à attaquer, dans un pamphlet, toutes les autorités civiles et militaires de Lyon ; s'il les eût cru coupables, il se serait servi, pour les attaquer, de moyens plus dignes du grand caractère dont il est revêtu.

Ce que j'ose encore affirmer, c'est que le Gouvernement ne peut avoir d'autres matériaux, ou, pour mieux dire, d'autres pièces entre les mains, que celles qui constatent de la manière la plus positive et la plus claire, que la conspiration déjouée à Lyon le 8 juin n'est point une chimère; qu'elle est l'œuvre des ennemis du Roi et de sa Famille.

Aussi bien veux-je et dois-je me borner à ne citer que des faits généralement connus, qui ne peuvent être contestés ni par amis ni par ennemis, et qui seraient naturellement justifiés par la publication des matériaux dont parle M. Fabvier : aussi veux-je et dois-je m'abstenir de me fortifier des preuves que je trouverais dans une correspondance et dans des rapports qui sont plus le secret du Gouvernement que le mien.

Au surplus, ce qui doit rassurer les autorités de Lyon, c'est que des matériaux ne sont pas des pièces. Je déclare donc que tout écrit remis au ministère, contraire à ce que j'affirme, est d'une fabrique suspecte, et n'a pu lui être communiqué que dans l'intention perfide de le tromper et de lui faire prendre le change sur un évènement qui intéressait la sûreté du trône et de l'État.

Ne dirait-on pas, à la manière dont s'exprime M. Fabvier, qu'à l'arrivée de M. le maréchal duc de Raguse à Lyon, le plus grand désordre régnait dans cette cité populeuse? D'après l'exposé de l'auteur, chacun voit les partis aux prises et se déchirant ; les royalistes excitant en furieux toutes les passions, et réagissant en cannibales contre les innocentes victimes d'une insurrection faite par les autorités. Qu'on se rassure, rien de tout cela n'a existé. Lyon était parfaitement calme, et cela depuis long-temps, lorsque M. le maréchal y a fait son entrée; ainsi, S. E. n'a donc rien eu à faire pour rétablir l'ordre : je suis persuadé qu'elle a trop de modestie pour ne pas désapprouver son chef d'état - major de lui avoir donné un mérite qu'elle n'a pas eu.

Ce serait peut-être ici le cas de nous élever à notre tour en accusateur, et de présenter le parallèle de la situation de Lyon avant et après l'arrivée de M. le maréchal. Nous avons entre les mains, non de *simples matériaux*, mais *des pièces authentiques* qui ne laisseraient rien à désirer au public, et qui l'éclaireraient enfin sur une affaire qu'on s'est plu à dénaturer, afin, sans doute, de laisser osciller son jugement entre le vrai et le faux.

En attendant que la vérité toute entière soit mise au grand jour, nous allons soulever un coin du voile qui la cache à tous les yeux, et réfuter les passages les plus marquans de la diatribe à laquelle nous répondons.

Oui, *les évènemens qui s'étaient passés à Lyon et dans quelques communes voisines, le 8 juin, ont été le résultat d'une conspiration vaste dans son plan, grave dans son objet, et atroce dans ses moyens* (1). Il ne s'agissait de rien moins que du renversement du pouvoir légitime, du déplacement de toutes les autorités, *le lieutenant de police excepté :* les déclarations des Valançot, Volozan, Tesson, Bernard, Oudin et autres, en font foi ; je les ai entre les mains, et elles seront produites, si on m'y force.

Depuis long-temps les conspirateurs travaillaient au grand œuvre. Leurs espérances déçues dans trois circonstances antérieures : au mois de janvier 1816, à Lyon ; au mois de mai 1816, à Grenoble ; au mois d'octobre 1816, à Lyon, ont été sur le point de se réaliser le 8 juin 1817 ; et le complot aurait réussi, si les autorités qu'on accuse n'avaient pas pris les mesures qui l'ont fait avorter.

Depuis long-temps l'autorité militaire sui-

______

(1) *Voyez* p. 5 du pamphlet de M. Fabvier.

vait les fils de la conspiration, sans pouvoir remonter à sa source. Dénuée de moyens de police, sans agens, ces fils devaient se rompre à chaque instant dans ses mains, et son unique ressource pour les rattacher, était de s'adresser et d'envoyer tous les renseignemens officieux qu'elle recevait, au lieutenant de police, qui, soit mauvaise volonté, soit mauvaise foi ou paresse, en faisait peu de cas, et traitait de ridicules et de chimériques les inquiétudes que faisait naître la situation des choses. Le lieu-tenant-général lui-même ne dédaignait pas, dans l'intérêt de la tranquillité publique, d'al-ler presque tous les jours chez le lieutenant de police pour lui faire part de ce qu'il appre-nait des menées des conjurés, des enrôlemens qui se faisaient, et de la crainte qu'il avait d'un mouvement prochain. Une fois par se-maine les autorités se rassemblaient à la pré-fecture pour se communiquer ce qu'elles ap-prenaient, et prendre ensemble les mesures que dictaient les circonstances; *le lieutenant de police assistait à ces réunions.*

Le lieutenant-général rendait compte au ministre de la guerre de tout ce qu'il savait, et ne dissimulait pas le danger de la situation où se trouvait le département du Rhône.

Le nommé Moulin, conducteur de voitures publiques de Lyon à Paris, fut signalé, vers la fin du mois de mai, au lieutenant-général, comme porteur de la correspondance entre les conjurés de ces deux villes; il envoya de suite un officier de son état-major, M. Brisollier, accompagné de M. Bleuller, colonel du 1er régiment suisse, chez le lieutenant de police, pour lui communiquer ce renseignement : il paraît qu'on en fit le même cas que de tous ceux qu'il donnait journellement. Je ne doute pas que, si on eût arrêté Moulin, soit au moment de son départ pour Paris, soit à son retour, on n'eût appris ce qu'il était si important de savoir; cependant Moulin resta libre. On concevra difficilement la cause de l'inertie du lieutenant de police dans des circonstances aussi graves, lorsqu'on saura que quelques mois avant les évènemens du 8 juin, il avait fait arrêter le nommé Chambouvet, accusé d'être un des enrôleurs du parti, et que ce Chambouvet, dans le cours de dix-sept interrogatoires qu'il a subis devant ce lieutenant de police, a déroulé le plan de la conspiration qui a éclaté plus tard. On concevra encore moins la sécurité du lieutenant de police qui fait arrêter Granger, par suite le capitaine Cormeau, et qui part pour Paris, au moment où un rassemblement d'insurgés venait d'avoir lieu dans les prairies de la Serandière, communes de Quincieux et Damberieux, canton d'Ause, sous les ordres de Valançot : on ne concevra pas plus qu'il ait différé jusqu'à son retour de Paris pour commencer les interrogations de Cormeau, et reprendre le fil des menées de Valançot.

Mais ce qui paraîtra encore plus incroyable, c'est que ce lieutenant de police, absent pendant les évènemens qu'il n'avait su prévoir, imagina d'abord de les nier à son retour. Les preuves cependant étant trop évidentes, il renonça à ce système de dénégation ; il se retourna, en prétendant qu'il avait deviné d'où était partie l'étincelle qui avait occasionné l'incendie, et il n'hésita pas à dire, en présence de M. le préfet du Rhône, que M. Godineau, le premier adjoint du maire de Lyon, était un des principaux agens de la conspiration. Cette allégation était par trop ridicule ; il fallut encore abandonner cette route pour en prendre une plus odieuse, en accusant généralement toutes les autorités et tous ceux qu'un délire insensé qualifiait du nom d'*ultrà*. Ce système une fois adopté, on a marché vers le but qu'on se proposait; et ceux qui avaient dénoncé ou arrêté le complot, sont aujourd'hui présentés à l'opinion publi-que comme ses auteurs.

Lorsqu'on se charge d'écrire sur des évè-nemens dont on n'a pas été soi-même le témoin, il me semble qu'on devrait, avant de prendre la plume, s'être assuré de la vérité de ce qu'on va dire. M. Fabvier n'a pas été si scrupuleux : aidé de la seule autorité qui s'est trouvée en contradiction avec toutes les au-tres, appuyé peut-être par M. le maréchal, qui, pendant sa mission, ne s'est pas donné la peine de mettre les autorités en présence pour connaître le vrai ou le faux, M. Fabvier a suivi les documens de l'unique contradic-teur; et au lieu d'un récit sincère, il a, dans l'intérêt des imposteurs, bâti une fable dans le style d'un énergumène.

Il nous dit que les bandes qu'on avait pré-sentées dans les rapports comme organisées par-tout, *n'avaient paru nulle part* (1), *et que vingt gendarmes et quelques chasseurs des Pyrénées avaient suffi pour maintenir le calme ou pour le rétablir par-tout où il avait été un instant troublé : que* la ville de Lyon *n'avait*

____

(1) *Voyez* p. 5 et 6 du libelle.

été témoin d'aucun mouvement; qu'aucun membre du prétendu comité-directeur n'avait été arrêté, etc.

Dire que les bandes n'avaient paru nulle part, et que quelques gendarmes et chasseurs des Pyrénées avaient suffi pour rétablir le calme par-tout où il avait été troublé, c'est, ce me semble, avancer dans un même fait, deux allégations contradictoires ; car si les bandes n'ont paru nulle part, le calme n'a pu être troublé nulle part ; et cependant la présence de quelques gendarmes et chasseurs a suffi pour le rétablir où il a été troublé. Il a donc été troublé quelque part, de l'aveu même de M. Fabvier ? Et par qui l'a-t-il été ? précisément par les bandes dont on nie l'existence.

Le colonel Fabvier ajoute :

Aucun membre du prétendu comité-directeur n'avait été arrêté. Cela est vrai ; mais les membres du comité d'exécution l'ont été, et M. Fabvier sait très-bien que trois de ces membres se sont évadés, Cochet, Tesson et Bernard, pendant le séjour de M. le maréchal à Lyon. Si ces trois individus avaient paru sur le banc des accusés, ils auraient peut-être mis la justice sur les traces du comité-directeur. On connaît d'ailleurs les précautions et la tactique des chefs de conspirations pour se mettre toujours derrière le rideau.

Un récit simple et vrai sur-tout, va rétablir les faits qu'on a dénaturés à plaisir.

Plusieurs jours avant l'évènement, on remarquait à Lyon une affluence assez considérable d'étrangers à la ville et au département; les uns venus du département de l'Isère, et d'autres du département de l'Ain; des bruits sinistres se répandaient, des avis multipliés d'un prochain soulèvement parvenaient de tous côtés à l'autorité administrative et à l'autorité militaire. M. le préfet prit des mesures tendantes à calmer les alarmes, et l'autorité militaire resta impassible, en attendant le développement des mouvemens.

Le jeudi 5 juin, M. le préfet du Rhône m'adressa des renseignemens sur Oudin, officier de dragons en demi-solde, retiré à Saint-Genis Laval; les documens que ce magistrat me communiquait étaient de nature à éveiller le soupçon sur la conduite et les projets de cet officier; je le fis prévenir de se rendre chez moi; il y vint le même jour, et je le questionnai sur les diverses circonstances qui faisaient l'objet des renseignemens que m'avait fournis M. le préfet. Oudin répondit à toutes mes questions sans embarras, et avec le ton d'un homme qui paraissait n'avoir rien à se reprocher : je le renvoyai devant M. le préfet ; il ne s'y rendit pas, et resta à Lyon jusqu'au samedi 7 juin, qu'il retourna à Saint-Genis. Le lendemain 8, il était à la tête des insurgés de cette commune et de ceux de Millery, Saint-Andéol, Brignais (1), Irigny, etc. Les soupçons qui planaient sur Oudin, soupçons fondés sur des démarches suspectes dénoncées par le maire de sa commune, suffisaient sans doute, dans la circonstance où nous nous trouvions, pour autoriser son arrestation ; cependant, il resta libre, et on sait quel usage il a fait de sa liberté. Voilà au moins un officier en demi-solde envers lequel on n'a pas usé de la rigueur dont nous accuse M. Fabvier. Lorsque nous examinerons la partie de son pamphlet relative à ces officiers, nous aurons encore bien des occasions de rétablir la vérité.

Le samedi 7 juin, au soir, je fus prévenu que la conspiration devait enfin éclater le lendemain, et que les conjurés avaient choisi l'heure des processions de la Fête-Dieu ; que leur projet était de commencer par nous surprendre,

____

(1) Oudin, si le rassemblement général eût pu s'opérer, devait commander tout l'arrondissement de Lyon à l'intérieur.

et par aposter des assassins dans les rues, pour égorger les officiers de la garnison au moment où ils se rendraient isolément à leurs casernes. J'avoue que le plan des conspirateurs me parut tellement audacieux, que j'eus de la peine à me persuader qu'ils en tenteraient l'exécution. J'avais donné des ordres dans la journée aux chefs des différens corps de la garnison, de fournir à chaque paroisse un détachement pour escorter le Saint-Sacrement, laissant au reste des troupes la liberté de suivre ou de ne pas suivre les processions : le rapport qu'on venait de me faire ne me fit point changer de disposition.

Le lendemain 8, la même personne qui m'avait donné les renseignemens la veille, vint chez moi à sept heures du matin : elle me confirma ce qu'elle m'avait dit, et ajouta que les campagnes devaient se rassembler au son du tocsin, et marcher sur Lyon, où elles se proposaient d'entrer à la faveur du désordre occasionné par les conjurés de l'intérieur. Ce rapport, qui me fut fait du ton qui persuade, ne me permit pas de balancer sur le parti que j'avais à prendre : je fis venir de suite chez moi tous les colonels de la garnison ; je leur fis part de ce que je venais d'apprendre, et leur ordonnai de consigner les troupes dans leurs quartiers respectifs, de faire prendre les armes à trois heures après-midi, et de se former en bataille sur les points indiqués en cas d'alerte. Je leur prescrivis d'agir avec la plus grande circonspection, et d'attendre qu'on les attaquât avant de faire aucun mouvement. Je fis doubler les postes de l'arsenal et de la poudrière ; j'ordonnai que deux pièces de canon seraient tenues atelées dans la cour de l'arsenal, et prêtes à agir au premier ordre. Toutes ces dispositions furent tenues secrètes pour ne pas effrayer les habitans. Mes ordres donnés, je me rendis auprès de M. le préfet, je lui fis part de ce que je venais d'apprendre, et de ce que je venais de faire pour parer aux évènemens. Il l'approuva. Toutes ces dispositions étaient bonnes, sans doute, pour maintenir la tranquillité dans la ville ; mais ce n'était pas suffisant pour empêcher le mouvement des campagnes. En conséquence, j'ordonnai à vingt gendarmes, vingt chasseurs des Pyrénées, et cinquante hommes d'infanterie de la garde départementale, que je mis sous les ordres de M. de St.-Paulet, chef d'escadron de gendarmerie, de se porter sur la tour de Salvigny et à Limonet, afin d'interrompre les communications sur les routes de la Bourgogne et du Bourbonnais. Ces détachemens passèrent dans plusieurs communes et villages, où leur présence en imposa (1). Cependant Garlon, capitaine de partisans pendant les cent jours, avait parcouru, dans la matinée du 8 juin, un grand nombre de communes de l'arrondissement de Villefranche, pour leur donner ses derniers ordres, et indiquer le signal auquel elles devaient répondre par le tocsin. En effet, à trois heures de l'après-midi, Garlon, accompagné du nommé Dugenet, se rendit sur la montagne du Pin, et tira trois boîtes : à cette détonnation, les communes sonnèrent le tocsin, et les conjurés de chacune d'elles se réunirent en armes, les unes aux cris de *vive l'empereur!* les autres de Napoléon II. Leurs premières attaques se dirigèrent contre les curés et les maires. L'incendie ne se communiqua pas dans les pays qu'avaient parcouru les troupes aux ordres de M. St.-Paulet, mais il se manifestait d'une manière violente partout où elles n'avaient pas paru. Cet estimable officier mit une telle activité dans sa mar-

____

(1) Ces mesures furent concertées entre M. le préfet et moi.

che, et fit des dispositions tellement bien com-
binées, qu'aidé par les brigades de gendarmerie
qui étaient sur les lieux, par vingt-cinq
chasseurs qui étaient à Villefranche, et douze
à Tarare, il parvint à isoler les bandes de
chaque commune et à les empêcher de se
réunir. Il les poursuivit séparément, et fut
assez heureux pour les disperser sans qu'il
ait été tiré un seul coup de fusil par les troupes
sous ses ordres. Le brigadier de la brigade
de l'Arbréle, accompagné d'un gendarme,
portant des dépêches du maire, essuya, au
pont de Beuvrai, le feu de la troupe comman-
dée par Garlon en personne.

Si M. de St.-Paulet n'avait pas agi avec
autant de promptitude, et qu'il eût mal com-
biné ses moyens, la pelote de feu se serait
formée, et tous les habitans du pays se seraient réunis en masse pour marcher sur Lyon;
mais surpris par la subite apparition des troupes du Roi, ils furent intimidés et prirent
la fuite; ainsi les attroupemens partiels furent dissipés de ce côté, au moment même
où ils n'espéraient rencontrer aucun obstacle
pour opérer leur réunion. Garlon, et quelques autres chefs sous ses ordres, restèrent
réunis pendant plusieurs jours; mais con-

tinuellement harcelée par nos troupes, cette petite bande se dispersa, et Garlon resta seul.

Pendant que toutes ces choses se passaient dans la partie occupée par les troupes aux ordres de M.ˢ St.-Paulet, les conjurés qui devaient agir dans Lyon, remplissaient les cafés et les cabarets des faubourgs et de la ville. Les assassins étaient apostés dans les rues; tous attendaient le signal pour commencer l'attaque, et opérer la surprise projetée; ils la croyaient d'autant plus facile, qu'ils espéraient que les soldats, restés libres de se promener dans la ville et les environs, laisseraient les casernes vides à leur discrétion, et qu'ils n'auraient d'obstacles à rencontrer que ceux que leur présenteraient les gardes de quartier, qui sont ordinairement peu nombreuses. Chaque chef avait sa bande avec laquelle il devait attaquer la caserne qui lui avait été dévolue. On conçoit facilement que cent hommes seulement suffisaient pour réussir sur chacune, et enlever huit à dix soldats qui en faisaient la garde. Mais le nombre des conjurés était bien plus considérable; et de l'aveu des membres du comité d'insurrection qui devaient les commander, ils en comptaient plus de deux mille. Ces aveux et les plans d'attaques sont consignés dans leurs déclarations, que j'ai entre les mains.

Les dispositions faites, on n'attendait donc que le moment pour agir; mais lorsque les conjurés virent les troupes sous les armes, ils se doutèrent que le complot était éventé. Cependant le signal convenu n'en fut pas moins donné; et les chefs voyant des troupes sur tous les points d'attaque, n'osèrent rien entreprendre. Ils envoyèrent aussitôt des contre-ordres à l'extérieur; ils en envoyèrent aussi dans l'intérieur, qui ne parvinrent point à tous ceux qui étaient apostés dans les rues, ce qui donna lieu aux scènes dont je vais rendre compte.

Vers les cinq heures du soir, on amena chez moi le nommé Saint-Dubois, qui venait d'être arrêté par les employés de l'octroi de la barrière de Vaise; il était muni d'un sac contenant seize paquets et demi de cartouches à balles, qu'il portait à l'extérieur. J'envoyai de suite chercher M. le préfet, qui se joignit à moi pour questionner cet individu. Nous ne pûmes en tirer autre chose, sinon qu'un homme, dont il s'obstina à nous taire le nom, lui avait remis le sac qu'on avait saisi sur lui, et l'avait prié de le porter en l'accompagnant jusqu'à la sortie de la ville. On l'envoya en prison.

Un instant après on vint me rendre compte que dans un café de la place des Célestins, on venait de tirer un coup de pistolet, à bout portant, sur M. Virieux, officier de cavalerie en demi-solde. Heureusement que la balle ne fit qu'effleurer le col de cet officier, et perça seulement sa cravatte; il eut la figure brûlée par l'explosion de la poudre. M. Virieux fit de suite sa déclaration, et dit qu'étant dans un café avec une douzaine d'individus qu'il ne connaissait pas, ils parlaient hautement du mouvement qui allait s'opérer au moment même; que fatigué des propos qu'ils tenaient, il leur dit qu'ils étaient de tristes conspirateurs, et que lui, Virieux, en mettrait une douzaine comme eux en fuite. A peine eut-il fait cette apostrophe, qu'un homme de la compagnie, qu'il croit être un provençal, tira de sa poche un pistolet, et lui dit : Coquin, tu veux nous vendre, je vais te brûler la cervelle; lâcha le coup, et prit la fuite avec ses autres camarades, sans qu'aucune personne, d'un assez grand nombre qui était rassemblé sur la place des Célestins, se fût mis en devoir d'arrêter l'assassin et ses complices.

J'ordonnai quelques patrouilles de la garde nationale, qui reçurent l'ordre de dissiper tous les rassemblemens qu'elles rencontreraient. Le temps s'écoulait, et la nuit approchant, il survint une forte pluie, ce qui fit que j'ordonnai aux troupes de rentrer dans leur caserne respective, aux officiers de ne pas quitter leurs soldats, et je recommandai à chaque colonel de faire faire, dans le voisinage de son quartier, des patrouilles multipliées, afin d'éviter une surprise. M. de Ganay, colonel de la légion de l'Yonne, membre de la Chambre des députés, passant sur le quai de Saône pour se rendre à sa caserne, fut attaqué à neuf heures du soir par trois individus qui se disposaient à lui faire un mauvais parti ; il ne se débarrassa d'eux qu'en tirant son sabre, et en leur en appliquant plusieurs coups sur la tête et sur les épaules. MM. Duprat, major de la légion des Hautes-Pyrénées, et Romilly, chef de bataillon de la même légion, passant sur le pont Saint-Vincent, rencontrèrent 9 hommes armés de sabres et d'épées qui voulurent s'opposer à leur passage. M. de Romilly, qui avait deux pistolets, leur en imposa. M. le capitaine Ledoux, de la légion de l'Yonne, qui m'avait été envoyé par son colonel pour me demander des ordres, fut assassiné d'un coup de pistolet sur la place de l'Herberie. M. Philippe, grenadier de la garde nationale, qui l'accompagnait, fut légèrement blessé au doigt d'un second coup. Je fus informé de suite de cet évènement, et ces scènes d'horreur me firent présumer que les conjurés n'avaient pas encore renoncé à leur projet, et que le mouvement intérieur pourrait bien se développer, si ceux des campagnes réussissaient à se réunir en assez grand nombre pour se présenter à Lyon. Ce qui me fortifia dans cette opinion, ce fut le rapport que vint me faire un homme que je ne connaissais pas, mais qui justifia qu'il était un des agens employés par le lieutenant de police, qui l'avait attaché à un commissaire de police de la ville de Lyon. Cet homme me dit qu'il s'était mis depuis longtemps avec les conspirateurs; qu'il était capitaine dans la bande qui occupait dans ce moment le faubourg de la Croix-Rousse; que de ce côté ils étaient environ huit cents; qu'il y en avait environ autant du côté de Vaise et de Saint-Juste, sans y comprendre ceux qui étaient dans l'intérieur de la ville; que je devais me tenir sur mes gardes; qu'on avait le projet de s'introduire chez moi, et de m'assassiner ; que tout n'était pas fini, et qu'on attendait que les campagnes arrivassent pour agir à force ouverte. Il m'ajouta qu'il viendrait d'heure en heure me prévenir de tout ce qui se passerait, et demanda un laissez-passer, afin que les patrouilles ne l'arrêtassent pas. Je le lui donnai. Quand cet homme fut parti, j'ordonnai à M. le colonel de la garde nationale, que M. le préfet, qui ne m'a pas quitté, venait de mettre toute entière à ma disposition, de couvrir la ville de patrouilles, de leur ordonner de faire rentrer chez eux les habitans, et d'arrêter tous ceux qui ne seraient pas connus et paraîtraient suspects. Cette disposition fut exécutée avec beaucoup d'ordre et de célérité ; et dans un instant l'intérieur de la ville fut dans le plus grand calme. On arrêta plusieurs individus qui avaient des cartouches dans leurs poches, quelques autres des armes à feu et des poignards. On ne peut trop louer le zèle et la prudence que mit cette excellente garde nationale dans le service qu'elle fit pendant toute la nuit.

Cependant, je ne recevais point d'avis des campagnes. Je n'avais point d'inquiétudes sur la partie du département où j'avais envoyé M. de Saint-Paulet ; mais j'ignorais ce qui se passait du côté de Saint-Genis Laval, lorsqu'entra chez moi M. le directeur de la poste aux lettres de Lyon, accompagné du courrier de Saint-Étienne, qui nous rendit compte qu'il avait été arrêté à Saint-Genis par un attroupement d'hommes armés, qui l'avaient forcé de crier *vive l'empereur !* Un instant après, je reçus un billet écrit à la hâte par le juge de paix, qui me mandait de Houlin, commune située à une lieue de Lyon, que l'insurrection était dans son canton. Le garde champêtre de Saint-Genis, qui s'était sauvé à travers les champs, arriva, et confirma les nouvelles que je recevais; il ajouta que les révoltés, à la tête desquels était Oudin, avaient fait prisonnier le brigadier de la gendarmerie. Je donnai aussitôt ordre à M. de Saint-Cir, lieutenant de la compagnie de gendarmerie du département du Rhône, de partir à la tête de dix gendarmes et dix chasseurs à cheval du régiment des Pyrénées, et de se porter sur Saint-Genis : je lui recommandai de ne s'avancer qu'avec précaution, de ne rien tenter contre des forces supérieures, et de me rendre compte, par ordonnances, de ce qui se passait dans le pays. J'avais eu le soin d'envoyer un fort détachement au pont de la Mulatière, seul point par lequel les révoltés de Saint-Genis pouvaient arriver à Lyon. M. de Saint-Cir se mit en marche, et arriva jusqu'à l'entrée du village de Saint-Genis, sans avoir rencontré personne. Son avant-garde, composée de quatre hommes, avait pénétré dans ce village. Au cri de *qui vive?* elle répondit : *vive le Roi !* Une décharge de coups de fusil fut dirigée contre elle, et un gendarme, nommé Guissan, qui en faisait partie, fut blessé mortellement. Au bruit de cette fusillade, le gros du détachement se porta en avant. Les insurgés surpris, prirent la fuite, et se dirigèrent sur Brignais : les révoltés de cette commune s'étaient réunis à ceux de Saint-Genis. Les gendarmes et les chasseurs les poursuivirent hors du village, et firent un prisonnier qui, ayant les armes à la main et voulant fuir, reçut un coup de sabre. M. de Saint-Cir, craignant de compromettre son détachement, ne voulut pas pousser plus loin ; il rentra à Saint-Genis, d'où il me dépêcha un chasseur, qui m'apporta une lettre par laquelle il me rendait compte de son opération, et me demandait de l'infanterie, dont il avait besoin pour marcher à l'ennemi, dont il évaluait le nombre à plusieurs centaines d'hommes. Je donnai ordre à une compagnie de grenadiers de la légion de la Loire-Inférieure d'aller rejoindre M. de Saint-Cir. Arrivée à Saint-Genis, où elle ne s'arrêta pas, elle se dirigea, avec le détachement de cavalerie, sur Brignais. L'ennemi avait évacué ce village, avant l'arrivée des troupes du Roi. Le capitaine commandant ce détachement, apprit qu'il s'était porté vers Millery ; il prit cette direction, et arriva que l'ennemi y était encore, et assiégeait le maire, M. Thibaudier, qui, avec son adjoint et cinq autres citoyens, se défendait et échangeait, depuis la veille, des coups de fusil avec lui (1). A l'approche des troupes, il prit la fuite. Les grenadiers et la cavalerie les poursuivirent, et ils n'échappèrent qu'à la faveur des bois. Nos soldats les suivirent, et les forcèrent de se disperser. La commune de Saint-Andéol ne sonna le tocsin que le 9 juin au matin ; et le mouvement qu'elle devait faire fut paralysé par l'arrivée des troupes. Le même jour 9 juin, je reçus des commandans des détachemens des troupes que j'avais envoyées dans les campagnes, des

---

(1) Était-ce pour éteindre un incendie, et avec des seaux à la main, que les habitans de Millery tiraient des coups de fusil sur le maire ? *Voyez* page 16 du libelle, et la note.

rapports satisfaisans : ils m'annonçaient que tous les révoltés étaient dispersés, et prenaient diverses directions, par bandes, dont les plus fortes comptaient à peine trente hommes. Sur ces avis, je fis partir environ trois cents hommes de la garde nationale de Lyon pour Saint-Genis, Brignais et Saint-Andéol, afin d'intercepter tous les passages, et de terminer ce qui avait été si heureusement commencé par les troupes de ligne. Tranquille sur les suites de cette levée de bouclier, M. le préfet du Rhône, qui avait passé toute la nuit chez moi, se retira, et ajouta aux mesures militaires que les circonstances avaient commandées, les mesures administratives qui devaient assurer le succès des premières. Ainsi un arrêté de désarmement fut pris. Cet arrêté fut exécuté par le soin des maires, aidés des troupes : ils désignèrent eux-mêmes les individus auxquels on ne pouvait pas laisser, sans danger, des armes entre les mains. Tout s'est passé avec ordre ; les tableaux de désarmement remis à la préfecture, en font foi. Il est faux, de toute fausseté qu'on ait forcé des particuliers à acheter des fusils, pour leur en faire rendre un plus grand nombre ; nous défions l'imposteur d'en fournir la preuve.

Où M. Fabvier a-t-il pris *que la persécution contre les officiers en demi-solde a été poussée à l'excès le plus inconcevable*, etc. (1)?

Il est vrai que l'adjoint de la commune de Belle-Ville, par une fausse interprétation de l'arrêté de M. le préfet, avait retiré les armes aux officiers en demi-solde qui habitaient cette commune. M. de Saint-Paulet, en y arrivant, fut informé de cette circonstance, et s'empressa d'appeler ces Messieurs, et de leur rendre, non seulement leurs épées, mais encore leurs fusils de chasse; il leur dit que l'arrêté n'avait point été pris dans l'intention de retirer les armes des mains de braves officiers qui s'en étaient servi pour la défense de leur pays; qu'il leur rendait celles qu'on leur avait fait déposer, avec l'intime persuasion qu'ils ne les emploieraient jamais que dans un but honorable, et pour la défense du Roi et de la patrie. Est-ce là le langage et l'action d'un persécuteur? Il nous serait facile de prouver que les officiers en demi-solde, au lieu d'avoir été tourmentés par les autorités militaires, ont toujours trouvé en elles appui et protection : quelques faits suffiront

---

(1) *Voyez* le pamphlet, p. 13.

pour convaincre, à cet égard, les esprits les plus prévenus et les moins crédules.

Antérieurement aux évènemens du 8 juin, les sieurs Jammes et Essel avaient été arrêtés par la police. L'autorité militaire écrivit plusieurs fois, pour solliciter leur mise en liberté, qui fut refusée : ils ne la recouvrèrent que le 25 août ; et cela, sur les représentations qui furent faites par le général, commandant le département, qui rappela l'usage suivi dans tous les temps, d'élargir, le jour de la fête du Roi, tous ceux qui n'étaient détenus que pour de simples faits de police. Le lieutenant de police, en rendant la liberté à MM. Jammes et Essel, écrivit à l'autorité, qui s'était intéressée à eux : *Je vous les renvoie, afin que vous leur donniez une semonce, et je désire qu'ils profitent de l'extrême bonté que vous avez pour eux.*

Les sieurs Bert et Pellion, capitaines, arrêtés par la police, sur la dénonciation d'un de ses agens, ne trouvèrent-ils pas protection de la part des autorités qu'on accuse ? Ne sont-ce pas ces mêmes autorités qui ont replacé ces officiers dans le rang le plus avantageux ? Y en a-t-il un seul qui ait à se plaindre d'avoir été porté sur le tableau n° 10, destiné à recevoir les noms de ceux qu'une mauvaise conduite rendait indignes de rentrer sous les drapeaux de l'honneur? Les officiers en demi-solde ont toujours été invités aux cérémonies publiques, et présentés aux Princes qui ont honoré Lyon de leur présence.

M. Lafond, chef de bataillon, qui, pendant les cent jours, et dans le temps où Monseigneur le duc d'Angoulême défendait la France et les droits de la couronne contre l'usurpateur, dans le midi; M. Lafond, dis-je, dont la conduite à cette mémorable époque, avait été si peu digne d'un officier français, n'a-t-il pas trouvé plus tard, à Lyon, égards et protection de la part de l'autorité militaire? En effet, le lieutenant de police le fit arrêter en vertu d'ordres supérieurs; le maréchal-de-camp commandant le département du Rhône, avait été invité à le faire mettre en prison: cet officier général, par humanité autant que par égard pour le grade de M. Lafond, ne voulant pas le jeter dans une prison où il aurait été confondu avec tous les malfaiteurs, le laissa dans sa chambre, sous la garde d'un gendarme, après avoir reçu sa parole d'honneur qu'il ne s'évaderait pas. Cependant le lendemain, M. Lafond viola la foi promise, et ne reparut que six mois après, époque à laquelle il apprit qu'il pouvait se montrer sans danger. Par le seul fait de son évasion et d'une absence aussi longue, M. Lafond aurait dû être rayé du tableau des officiers en demi-solde, et regardé comme démissionnaire. Que fit l'autorité militaire, qui fût contraire à cet officier? Le lieutenant-général commandant la 19ᵉ division, s'empressa d'écrire au ministre de la guerre, pour le prier, non seulement de le rétablir sur le tableau, mais encore de le faire rappeler de sa solde pour le temps de son absence. Cette demande fut accordée, et M. Lafond jouit aujourd'hui d'une faveur qu'on était en droit de lui refuser, et qu'il n'a due qu'à la sollicitude de celui qu'on accuse d'avoir persécuté les officiers en demi-solde. Le capitaine Bitouzac, malheureusement trop célèbre pendant les cent jours, qui, lorsque Buonaparte entra à Lyon, poursuivit M. le maréchal duc de Tarente et M. le lieutenant-général Dijon, non seulement n'a pas été mis sur le tableau n° 10, mais a été porté comme propre à être employé.

Il nous serait facile d'ajouter à ces faits une liste plus considérable d'officiers qui, persécutés, ont trouvé une protection bienveillante auprès de nous.

Une foule d'agens parcouraient les villes et les campagnes (1); cela peut être; mais ce que j'affirme, c'est qu'aucun n'appartenait à l'autorité militaire, et que tous appartenaient au lieutenant de police. Les renseignemens qui parvenaient au lieutenant-général lui étaient communiqués officieusement par des citoyens honnêtes, *et non par des hommes à gages.*

Ces agens, dit-on encore, *annonçaient des changemens, des révolutions; et s'ils arrachaient un signe d'approbation à de malheureux citoyens pressés par la misère, ou tourmentés par mille vexations, ils s'empressaient d'aller les dénoncer, et recueillir le prix de leurs infâmes stratagèmes.*

Je ne sais si les procédures de la Cour prévôtale (2) ont attesté l'emploi de ces moyens odieux; mais ce que je sais très-bien, c'est que s'ils ont été employés, ils n'ont pu l'être que par une seule autorité, celle qui, par la nature de sa place, avait des agens à sa solde. Un fait qui est à ma connaissance et à celle de M. le préfet du Rhône, et que ne niera pas le lieutenant de police, refoulera cette abominable accusation vers sa source.

---

(1) *Voyez* page 9 du libelle.
(2) *Ibid.*

Un agent du lieutenant de police, le même qui se présenta à moi dans la soirée du 8 juin, s'était mis en relation avec le nommé *Granger*, de la commune de Saint-Rambert. Ce Granger était chargé de procurer des armes aux conjurés du dehors; il demanda à l'agent s'il ne pourrait pas lui en procurer; celui-ci répondit affirmativement, et vint rendre compte au lieutenant de police, qui lui donna un fusil pour remettre à Granger; nouvelle entrevue; Granger dit à l'agent qu'il n'enverrait pas une charrette à Lyon pour si peu de chose; que s'il en avait une dixaine, cela en vaudrait la peine; nouveau rapport au lieutenant de police, qui livra six ou sept fusils à son espion; Granger les envoya chercher dans une charrette qu'il emprunta, et que son fils conduisait. Deux jours après, Granger fut arrêté, mais on ne trouva pas les fusils chez lui; sa femme, qui les avait cachés, les jeta dans la Saône, d'où on les a retirés; ils ont été remis aux tribunaux chargés de juger le prévenu. Granger, dans ses interrogatoires, a désigné comme agent le capitaine Cormeau, qui, dans l'intérêt de sa défense, *a déclaré, ainsi que le sieur Brunet, qu'il n'avait fait qu'exécuter les ordres de l'autorité supérieure.* De quelle autorité veut-on parler ? est-ce du préfet ou du lieutenant général ? Voilà encore une accusation de commande. Nous allons faire connaître Cormeau, et de qui il était l'agent.

Cormeau n'a jamais été employé par l'autorité militaire ; elle ne savait pas qu'il était agent de M. le lieutenant de police, et on le lui avait souvent signalé comme un fort mauvais sujet. Cormeau avait accompagné Buonaparte à l'île d'Elbe. Après le licenciement de l'armée de la Loire, une décision ministérielle prescrivit de rayer du tableau des officiers de l'armée, tous ceux qui se trouvaient dans ce cas, parce qu'en abandonnant leur pays, ils étaient censés avoir donné leur démission, et n'avoir aucun droit ni à la demi-solde ni à aucun autre traitement ; cette même décision les plaçait sous la surveillance de la haute police ; en conséquence Cormeau fut mis à la disposition du lieutenant de police de Lyon, qui l'employa comme espion, lui fit faire deux voyages, l'un à Chambéry, un autre à Aix, et le chargea ensuite de la surveillance de la Garde royale en garnison à Lyon. Les services de Cormeau méritaient une récompense ; au lieu de lui donner de l'argent, on lui promit de le réintégrer dans son grade. En conséquence, le lieutenant de police écrivit à Paris pour lui faire obtenir cette faveur. Le ministre de la guerre, avant de l'accorder, demanda des renseignemens sur la conduite de cet ex-officier, et sur la nature des services qu'il avait rendus depuis qu'il était à Lyon. L'autorité militaire n'en ayant aucune connaissance, s'adressa à M. le lieutenant de police, qui répondit, le 20 octobre 1816 :

J'ai effectivement employé assez long-temps le sieur Cormeau, et j'ai été très-satisfait de ses services. Je regarde comme une justice de le favoriser près du Gouvernement. Je verrais avec plaisir que vous voulussiez bien joindre votre recommandation à la mienne. Je vous fais passer, avec la présente, l'état des services du sieur Cormeau, etc. (1).

D'après cette réponse, il fut fait un rapport au ministre de la guerre, dans lequel on demandait que Cormeau fût admis, soit à la solde de retraite, soit à un traitement de non activité, et on ajouta qu'il ne paraissait pas convenable de le placer dans une légion. Ce rapport fut adressé au ministre de la guerre, dans les premiers jours de décembre 1816. Environ quinze jours après, Cormeau vint demander si on avait reçu une décision sur

______

(1) C'était l'état des services rendus à la police.

son affaire. Depuis cette époque, l'autorité militaire ne l'a plus revu.

Quant à Brunet, je déclare de la manière la plus formelle, que jamais il n'a été employé ni par moi, ni par mon ordre, ni par le maréchal de camp commandant le département du Rhône. Si cet homme a été réclamé par quelqu'un, il n'a pu l'être que par le lieutenant de Roi, qui, pour la surveillance de la place et des troupes de la garnison, employait quelques personnes. Il n'en a jamais fait un mystère, pas même au lieutenant de police, à qui il avait remis la liste de ces individus.

Pour prouver que le mouvement qui a éclaté le 8 juin 1817 était préparé de longue main par l'autorité militaire, on remonte à *la prétendue conspiration du 22 octobre 1816 (1); il fut constaté que le révélateur était un agent de la police militaire, et qu'il avait lui-même organisé le complot.*

Rétablissons les faits; ils vont donner un démenti à M. Fabvier.

La conspiration du mois d'octobre fut signalée d'abord par un sous-officier de la garde nationale, qui étant dans une auberge,

____

(1) *Voyez* p. 14 du libelle.

avait entendu les conspirateurs en parler comme
d'une chose qui ne pouvait manquer de réussir ; elle fut encore signalée par une femme
nommée Louise Lallemand (je dirai un mot
de cette femme) ; et enfin, par un nommé
Boudois, ex-militaire, tout à fait inconnu aux
autorités locales. Ce Boudois se rendit chez le
commandant du département, qui dans ce moment était occupé avec M. Chauvin, sous-inspecteur ; et en présence de ce sous-inspecteur
et de M. Definances, chevalier de Saint-Louis,
il déclara que *le 1er octobre, étant sur la place
de Louis le-Grand , il avait été sollicité par le
nommé Fabvier, de s'enrôler avec eux , en l'as-
surant que ceux qui seraient admis auraient
la croix de la Légion , et que tout ce qu'on
prendrait serait partagé entr'eux.* Le général
lui représenta, à plusieurs reprises, qu'il ne
devait pas faire une déclaration de cette im-
portance, sans être bien certain que la chose
était ainsi. Il persista, signa sa déclaration en
présence de MM. Chauvin et Finances, qui
signèrent aussi comme témoins.

Les rapports des trois personnes dont je
viens de parler, ne suffirent pas à l'autorité
militaire pour la convaincre ; elle prit le parti
de faire vérifier les faits par un sous-officier

intelligent, qu'elle chargea de prendre les renseignemens les plus précis : il s'acquitta de sa
mission, et confirma ce que l'on savait déjà. Il
espérait en savoir davantage, lorsqu'un évènement fortuit, et qui serait trop long à raconter, rompit les fils de la découverte. Les
conjurés furent arrêtés, et livrés de suite au
lieutenant de police, qui s'obstina à dire que
ce complot était imaginaire. Les prévenus et
les pièces qui constataient le délit furent livrés
et remis aux tribunaux ; la procédure a été
instruite, et quatre des accusés, sur sept, ont
été condamnés, par la police correctionnelle,
à des détentions plus ou moins longues, et
à la surveillance de la haute police. Le sous-
officier fut appelé comme témoin ; et pendant tous les débats que le procès occasionna,
aucun des accusés n'a dit un seul mot qui
pût faire soupçonner, même aux yeux de
la mauvaise foi, ce militaire d'avoir organisé le complot. Les assertions ne coûtent
rien à M. Fabvier. L'autorité militaire et
l'autorité civile ont ourdi la conspiration, et
les tribunaux sont devenus leurs complices.
Voilà bien des coupables.

J'ai promis de parler de la fille Lallemand.

A l'époque dont nous venons de parler,

cette fille fit les révélations d'un complot tendant à renverser le Gouvernement; elle disait des choses si extraordinaires, que d'abord on n'y ajouta pas foi. Elle revint à la charge, et persista à dire que rien n'était plus certain; qu'il fallait prendre garde; que si nous ne prenions pas des précautions, nous serions surpris, et tous égorgés, excepté M. de Senneville, lieutenant de police, qui était dans le complot. Ces rapports me parvenaient par ceux à qui elle les faisait. Je crus devoir en parler à ce fonctionnaire, ainsi qu'à M. le préfet; et après en avoir causé, nous demeurâmes convaincus que la fille Lallemand en imposait. Cependant elle continuait ses rapports. Je fus curieux de la voir moi-même, et de la questionner : on la fit venir chez M. le colonel de Lacove, mon chef d'état-major; et là, en sa présence et celle de M. de Chambot, colonel de la garde nationale, je la priai de me dire ce qu'elle savait. Elle y consentit, entra en matière, et déroula les projets des conspirateurs, à-peu-près comme ils ont été exécutés le 8 juin; elle mêla son récit de tant d'absurdités, de tant de choses merveilleuses qu'elle disait avoir vues dans les souterrains de Saint-Just, dans lesquels son ami Joseph, qui faisait, disait-elle, partie des conspirateurs, l'avait conduite, que je crus que cette malheureuse était folle, et qu'elle ne disait pas un mot de vrai. Ce qui me fortifia dans cette dernière opinion, c'est qu'après avoir promis de conduire quelqu'un dans les souterrains dont elle nous avait parlé, elle s'y refusa.

Je m'empressai de voir M. de Senneville, et de lui raconter tout ce que la fille Lallemand m'avait dit; je le priai en même temps de la faire surveiller, et de tâcher de s'assurer de ses démarches. Quelque temps après, il m'apprit qu'il avait fait sortir cette femme de Lyon, et l'avait renvoyée dans son pays; cette mesure lui fut dictée par la crainte que ses bavardages ne prissent de la consistance, et n'inquiétassent les habitans de Lyon.

Des patrouilles commandées et volontaires, parcouraient la ville à chaque instant du jour et de la nuit, etc. (1).

Jamais, pendant que j'ai été à Lyon, il n'y a eu de patrouilles de jour, que celles qui se faisaient les dimanches, par quelques chasseurs à cheval, sur les quais du Rhône. Et ces patrouilles avaient été établies avant mon arrivée, sur la demande des autorités civiles et du lieutenant

____

(1) *Voyez* le pamphlet, p. 13.

de police, et cela dans le but de l'ordre. Les patrouilles de nuit se sont toujours faites par la garde nationale dans l'intérieur, et par des gendarmes à l'extérieur. Où M. Fabvier a-t-il pris que ces patrouilles chargeaient publiquement leurs armes ? Il faut être bien pauvre en preuves pour en apporter de pareilles.

Des colonnes mobiles parcouraient les campagnes, imposaient arbitrairement (1).

Les troupes se transportaient dans les communes, pour protéger le désarmement, qui se faisait par les soins des maires; des plaintes furent portées à M. le préfet, qui m'en écrivit. Je m'empressai d'envoyer sur les lieux le colonel de la légion à laquelle ces troupes appartenaient, pour vérifier et faire punir sévèrement les coupables; les certificats de la bonne conduite des détachemens, rapportés par cet officier supérieur, et que j'envoyai à M. le préfet du Rhône, attestent que ces plaintes n'étaient pas fondées; et les ordres donnés par moi prouvent que je ne souffrais rien de contraire au bon ordre et à la discipline.

Des détachemens chargés de protéger de cruelles exécutions, ont ajouté à l'horreur de ce spectacle (2).

----

(1) *Voyez* page 11 du libelle.   (2) *Ibid.*

(45)

Il s'agit ici de ce qui s'est passé à Saint-Genis Laval après l'exécution d'Oudin. Le maire de Saint Genis donna le rafraîchissement au détachement qui avait été requis par M. le procureur du Roi pour escorter le condamné. Les soldats s'enivrèrent, et se mirent en devoir de forcer leurs hôtes de leur donner encore du vin ; le maire, qui craignait qu'on ne se portât à des voies de fait, fut trouver le capitaine Darillon, commandant le détachement, et le pria d'interposer son autorité, et de faire partir sa troupe, afin d'éviter un plus grand mal. M. Darillon, qui était ivre lui-même, ne tint pas compte des représentations de M. le maire, et s'emporta en injures contre ce fonctionnaire. M. le maréchal de camp, baron de Vioménil, qui se rendait au Puy pour prendre le commandement de la Haute-Loire, arriva heureusement à Saint-Genis au moment du désordre ; il se fit connaître à M. Darillon, qui refusa de lui obéir lorsqu'il lui ordonna de faire battre le rappel, et de partir. Le lieutenant du détachement, qui était un homme sage, exécuta l'ordre du général, et les troupes se mirent en route ; un soldat ivre avait dépouillé Oudin de son pentalon, de ses guêtres et de ses souliers. (Je rends compte de ce dernier fait, que M. Fabvier a

oublié, afin de faire connaître toute la vérité.)
Voilà au juste ce qui s'est passé à Saint-Genis.

M. le préfet du Rhône, qui reçut une plainte
du maire de Saint-Genis, m'écrivit de suite.
Je fis arrêter sur le champ et déposer à la prison militaire M. Darillon ; j'ordonnai au capitaine rapporteur du premier conseil de
guerre d'instruire contre cet officier. Les soldats qui avaient fait du tapage furent mis en
prison; celui qui avait volé le pantalon d'Oudin, et qui était un soldat suisse, au moment
d'être traduit devant le conseil de guerre de
son régiment, s'est suicidé ; un chasseur des
Pyrénées, auquel le Suisse avait donné les
souliers, devant être traduit comme com-
plice, s'est évadé et a déserté. Enfin M. Darillon fut acquitté. Une nouvelle accusation fut
portée contre lui ; cette accusation portait sur
un fait de vol : je le traduisis de nouveau
devant le deuxième conseil de guerre ; des
témoins furent appelés ; les accusateurs furent
entendus ; les uns et les autres justifiaient
M. Darillon, qui fut acquitté une seconde
fois. Ici la tâche du lieutenant-général était
remplie : il n'était pas en sa puissance d'in-
fluencer les juges, et encore moins d'annuler
des jugemens rendus au nom du Roi. Ce-

pendant, indigné de la mauvaise conduite du capitaine Darillon, je rendis compte au ministre de la guerre, en le priant instamment de chasser cet officier de l'armée; et c'est sur mon rapport et sur ma demande qu'il a été rayé et renvoyé.

Pendant notre séjour dans la ville, un soldat placé en sentinelle près d'une prison lâche son coup de fusil, etc. (1). De deux évènemens de ce genre, les seuls qui soient parvenus à ma connaissance, pendant dix-huit mois que j'ai commandé à Lyon, M. Fabvier a pris texte pour avancer qu'on tirait presque journellement dans les prisons, et que c'était l'effet *d'une consigne verbale que le lieutenant-général, commandant la division, disait avoir retirée.*

Cette consigne a été effectivement donnée momentanément; nous allons dire quand, pourquoi, par qui elle l'a été, et par qui elle a été retirée; si elle a été retirée par un ordre écrit ou par un ordre verbal.

Pas un coup de fusil n'a été tiré dans les prisons pendant au moins dix-huit mois, car la consigne n'avait pas existé avant cette époque. Plusieurs évènemens qui avaient sou-

______

(1) *Lisez* tout le paragraphe, pages 11 et 12 du pamphlet.

vent exigé la présence de M. le préfet et de la gendarmerie dans les prisons pour y rétablir l'ordre, n'ont point été reprimés par la violence de ce moyen, quoique cependant on ait mis quelquefois les soldats de garde dans le cas de l'employer pour leur défense personnelle.

Les prisonniers, détenus en très-grand nombre dans la prison de Saint-Joseph, s'étant révoltés, refusant de recevoir leur pain et de rentrer dans leurs chambres, aucune violence ne fut exercée contre eux.

A la prison des Recluses, trois hommes avaient pratiqué une brèche dans un mur pour s'évader; la garde se borna à les empêcher de sortir, sans leur faire le moindre mal.

Le 16 septembre 1816, le geôlier de la prison de Rouanne invita le chef du poste intérieur à se rendre dans une chambre, pour séparer deux prisonniers qui se tenaient à la gorge, et étaient prêts à se tuer. Le sergent essaya de les calmer par la douceur; n'ayant pu y réussir, le geôlier voulut conduire un de ces deux hommes dans une autre chambre. Alors tous les prisonniers assaillirent le sergent et les deux soldats qui l'accompagnaient;

ce sous-officier fut très-maltraité à coups de bouteille ; sa giberne fut coupée en morceaux, son habit déchiré ; et malgré le danger qu'il courait, ainsi que les deux soldats, auxquels on avait enlevé leurs baïonnettes, ils ne firent pas feu sur les révoltés.

Ce fut à la suite d'une scène à peu près semblable que le lieutenant de Roi s'étant rendu dans la prison de Rouanne, le 13 octobre 1816, donna, sans consulter ni le lieutenant-général ni le maréchal-de-camp, la consigne de tirer sur les prisonniers lorsqu'ils se révolteraient, mais de n'en venir à cette extrémité qu'après avoir employé tous les moyens de douceur et de fermeté. Cette consigne n'exista que quatre jours, et fut retirée par ordre du général commandant le département, le 17 octobre, jour où l'autorité militaire fut informée qu'elle avait été ordonnée. Le maréchal-de-camp écrivit au lieutenant de Roi *que le régime et la police intérieure des prisons appartenaient à l'autorité chargée de cette partie, et que ce n'était que dans le cas de la force ouverte qu'il était permis de repousser la force par la force.* Le maréchal-de-camp informa M. le préfet du Rhône de la mesure qu'il venait de prendre. La consigne prescrite n'a pas été renouvelée depuis, et n'a pu se conserver que par tradition.

Ainsi, les coups de fusil tirés pendant le séjour de M. le maréchal à Lyon, seraient l'effet d'un souvenir de cette vieille consigne, si d'ailleurs ils n'avaient pas été provoqués par les prisonniers. Un d'eux était placé à une croisée qui donnait sur la rue; de là, il invectivait la sentinelle, et l'apostrophait par les propos les plus outrageans. Le soldat lui ordonna de se retirer; loin d'obéir, le prisonnier l'assaillit à coups de briques; la sentinelle perdit patience, et tira son coup de fusil, qui blessa l'agresseur au bras; au bruit du coup de fusil, les soldats de garde sortent précipitamment, et deux d'entr'eux firent feu sur la même croisée, et cela, sur l'invitation de l'économe de la prison, qui leur cria : *Tirez dessus; tous les prisonniers se révoltent;* et le reste de la garde aurait probablement tiré, si l'officier qui commandait le poste n'était accouru pour en empêcher.

Il me reste à parler d'un autre fait que cite M. Fabvier, qui dit : *Qu'un prisonnier avait été tué roide à la prison de Roanne, sans qu'on eût fait aucune recherche.* Ce fait est vrai ; mais M. Fabvier aurait dû ajouter à son récit, que le prisonnier fut tué le 8 juin au soir, au moment où l'insurrection se manifestait; il aurait dû dire que le prisonnier insultait la sentinelle, et lui disait que dans un quart-d'heure on allait les délivrer; qu'il appelait de toutes ses forces des secours de l'extérieur, et que ce ne fut qu'après plusieurs injonctions qui lui furent faites par la sentinelle, de se taire et de se retirer, qu'elle se décida à faire feu. La situation difficile dans laquelle nous nous trouvions n'autorisait - elle pas cette action?

Ce n'est pas assez pour M. Fabvier d'exhaler sa bile contre les principales autorités de Lyon; le calomniateur n'épargne pas même les soldats du Roi (1). Pour toute réponse à de pareilles infamies, nous ne craignons pas d'invoquer le témoignage de la généralité des habitans de Lyon; qu'ils disent si jamais ils ont eu dans leurs murs une garnison plus sage et mieux disciplinée.

Il est pourtant un autre passage de l'écrit de M. Fabvier que je ne puis laisser sans réponse; c'est celui où il prétend que des malheureux qui s'étaient réfugiés dans les bois, et qui en étaient sortis attirés par les pro-

____

(1) *Voyez* page 11 du libelle.

messes, par les proclamations de leur maire, de leur curé, n'en ont pas moins été condamnés. L'allégation est de toute fausseté, et la Cour prévôtale y pourra répondre victorieusement, comme à tout ce qui la concerne. Il n'y a eu de condamnés que ceux qui avaient été pris avant le 11 juin, ou que ceux qui, arrêtés depuis, ont été reconnus pour avoir été ou chefs ou instigateurs.

C'est moi qui, le 11 juin, donnai de mon propre mouvement l'ordre de recevoir à résipiscence, et de laisser rentrer chez eux tous ceux qui se présenteraient volontairement à leur maire, à leur curé, et qui déposeraient leurs armes, excepté toutefois, comme cela devait être, les chefs et les instigateurs. Le 13 juin, je pris soin de renouveler le même ordre.

Etait-ce là encore une mesure de 1793? Etait-ce là un acte de terreur? pour me servir des expressions de M. Fabvier. Un ordre qui tendait à diminuer le nombre des victimes, pouvait-il émaner d'un homme qui, pour sa portion, aurait d'abord cherché et contribué à l'augmenter? Un ordre qui tendait évidemment à diminuer le nombre des accusés, concorderait-il bien avec l'intérêt qu'on aurait eu, selon M. Fabvier, à augmenter le nombre des coupables, pour donner plus de croyance à l'existence et à la gravité du crime? Je remercie M. Fabvier de m'avoir forcé à rappeler cet ordre, qui suffirait seul pour démontrer combien est absurde, combien est inique l'accusation de cruauté qu'il a si témérairement hasardée contre toutes les autorités de Lyon et contre moi.

Si nous avions eu la soif du sang qu'il nous attribue, il nous était facile de la satisfaire; nous n'avions qu'à laisser agir les révoltés, au lieu de prendre, comme on l'a fait, toutes les précautions qui pouvaient les sauver de leurs propres fureurs : je n'avais qu'à laisser venir tout naturellement, au lieu de l'éloigner, de la détruire, l'occasion pour les troupes d'avoir un engagement; alors, je n'aurais plus été maître d'arrêter leur élan et leur indignation. Certes, alors il y aurait eu un grand nombre de victimes (1).

Maintenant que j'ai répondu à M. Fabvier, en rendant compte des faits, je le de-

____

(1) Lors de la mort du capitaine Ledoux, les soldats de la légion de l'Yonne étaient tellement indignés, qu'ils voulaient entrer en ville pour venger cet assassinat : je m'empressai encore de donner des ordres pour empêcher les troupes de parcourir la ville, où je fis faire le service par la garde nationale.

mande aux moins impartiaux : peut-on d'abord
imaginer qu'un homme soit capable de créer
une conspiration, pour se procurer le mérite
de la détruire ; de pousser des malheureux
au crime, pour se ménager à l'avance le barbare
plaisir de les égorger ? A moins de supposer
le cœur le plus dépravé, et nourri par tous
les esprits infernaux ensemble, ou à moins
d'être soi-même capable de l'horrible invention qu'on suppose ? Et en imaginant qu'un
homme aussi abominable eût existé, serait-il
croyable qu'il ne s'en fût pas trouvé un autre
parmi toutes les autorités civiles et militaires de
Lyon, qui devinât, qui dénonçât, qui déconcer-
tât un aussi atroce projet ? Serait-il croyable qu'il
se fût, au contraire, trouvé dans le même lieu
plusieurs hommes d'une égale perversité, qui
se seraient entendus, réunis, soutenus pour
consommer un crime aussi inouï ? Suivant
M. Fabvier, un génie bienfaisant se serait pourtant élevé au milieu de tant d'iniquités ; et ce
génie bienfaisant serait M. le lieutenant de
police ! Quoi ! M. de Senneville, avec lequel
les principales autorités de Lyon se réunis-
saient une fois par semaine, et quelquefois
plus souvent ; M. de Senneville, chez lequel
j'accourais au moindre renseignement qui me

parvenait ; M. de Senneville, qui avait tous
les moyens de police, tandis que je n'en avais
d'autres que ceux que je trouvais dans le dévoû-
ment des honnêtes gens ; M. de Senneville n'aurait pas découvert l'infernale machination et
ses auteurs? Il est vrai que M. de Senneville
commença par nier l'existence de la conspiration, *qui déjà pourtant lui avait été dévoilée
par Chambouvet ;* mais on lui administra tant
de preuves, qu'il fut forcé de se rendre à l'évi-
dence. Bientôt après il part pour Paris.... Là
il apprend qu'elle a éclaté. Là il est libre de
dire toute la vérité au ministre de la police-
générale; là il est libre de tout imaginer,
sans crainte d'être contredit; là il est libre
au moins, et c'est même un devoir rigoureux
pour lui de dévoiler les cruelles inventions de
ces antropophages que le hasard a réunis dans
toutes les autorités de Lyon; et il va reve-
nir avec des ordres vengeurs pour les bour-
reaux, et des ordres protecteurs pour les victimes... Point du tout, il revient avec une ex-
tension de pouvoirs, avec des instructions plus
sévères, plus rigoureuses, afin de poursuivre
les prévenus ou les convaincus de cette conspiration, qui cependant, selon lui et M. Fabvier, n'existait pas! Quelques têtes tombent, et

M. de Senneville les laisse tomber! La Cour prévôtale, cette Cour si sanguinaire, demande la
grâce de quelques condamnés , notamment
celle de Tavernier, l'un des plus coupables, et
M. de Senneville ne se réunit point à cette
Cour pour obtenir la grâce! et M. de Senneville ne met point les ministres à même de la
solliciter, de l'obtenir! et la tête de Tavernier
tombe malgré les vœux exprimés par ses juges!
M. de Senneville, qui a dans les mains des
preuves qu'on sacrifie des innocens, ne fait pas
retentir dans toute la France un cri d'effroi et
d'alarme en leur faveur! La bonté, ou plutôt
la justice du Roi, je l'ose dire, répand les récompenses sur les autorités de Lyon, sur plusieurs des maires des communes environnan-
tes, et M. de Senneville laisse tranquillement
distribuer des couronnes à ceux qui ont fait
égorger des innocens! et M. de Senneville re-
çoit et accepte une part dans ces couronnes!
et M. le maréchal lui-même demande de nouvelles récompenses pour le lieutenant-général
que M. Fabvier, son chef d'état-major, accuse
aujourd'hui (1)!

La conspiration n'était donc point imagi-

----

(1) J'ai la preuve écrite et authentique de cette demande
faite par M. le duc de Raguse.

naire; et lorsque je réponds à l'écrit de M. Fabvier, évidemment je repousse une accusation
qui attaque bien plus directement les ministres
du Roi que moi même, et je me sens indigné
beaucoup plus pour eux que pour moi. En
effet, si M. Fabvier dit vrai, les ministres du Roi
seraient nos complices. Comment donc? Sa-
chant que nous étions les auteurs de la conspiration, en ayant acquis la preuve, ils auraient
tranquillement laissé continuer pendant plus
de quatre mois, des instructions et des procédures contre des malheureux entraînés par
séduction à la révolte? Sa Majesté aurait donné
des récompenses, et ses ministres auraient
donné des témoignages d'approbation aux auteurs de cette révoltante séduction? Les ministres auraient froidement laissé frapper des
innocens, quand ils avaient le pouvoir et le
devoir de les sauver! Quoi! Les ministres se
seraient bornés à obtenir de l'inépuisable clé-
mence du plus humain des Rois, de simples
commutations de peines, quand ils avaient la
certitude que les infortunés pour lesquels ils
les demandaient étaient innocens! Quoi! un
seul doute se serait élevé dans leur âme sur l'e-
xistence de la conspiration, sur les faits attestés
par tant d'autorités respectables, contestés par

un seul individu, et ils n'auraient pas suspendu toute poursuite, et sur-tout ils n'auraient pas suspendu la hache prête à frapper, pour la détourner sur les véritables coupables !

En n'arrêtant point, en tolérant au contraire sciemment le cours de toutes les horreurs qu'on nous impute, ils y auraient donc sciemment participé, ils seraient donc plus coupables que nous encore ! Dira-t-on qu'ils n'avaient point alors les renseignemens qu'ils ont obtenus depuis ; nous avons prouvé qu'ils ont pu, qu'ils ont dû les recevoir par M. le lieutenant de police ; qu'ils n'ont pu en recevoir d'autres depuis huit mois ; et en supposant qu'ils en eussent reçu de nouveaux, c'eût été la voix de la justice, et non celle d'un pamphlétaire qu'ils eussent fait élever contre nous.

Ah ! certes, que les inventeurs de conspirations, que ceux qui jouent si cruellement avec la vie des hommes, et avec ce qui est plus sacré encore, avec leur honneur ; que les artisans de calomnie soient punis pour l'effroi de leurs pareils et la sécurité des honnêtes gens ; que leurs têtes roulent aux pieds des peuples pour leur vengeance et leur exemple ; c'est un vœu que je fais bien ardemment dans l'indignation et la tranquillité de mon ame ! Pour le mieux

remplir, ce vœu sincère, j'ai demandé formelle-
ment au ministre de la guerre, j'ai supplié le
Roi de me faire traduire avec mes dénoncia-
teurs devant un conseil de guerre ; c'était la
première réponse que je dusse faire à l'écrit de
M. Fabvier. Là, on saura si la conspiration a
été imaginée ; et si elle l'a été, on apprendra par
qui. Maintenant j'attends les ordres du Roi.
Qu'il daigne dire un mot, et je suis aux pieds
de la Justice.

FIN.

Alphonse d'Arvalos et Isabelle d'Olvédo, ou les effets d'une guerre civile, histoire du XIVe siècle. Traduit de l'Espagnol, par Mme C***** D. 2 vol. in-12, 4 f. *Franc de port*, 5 f. 50 c.

Hippocrate interprété par lui-même, ou Commentaires sur les aphorismes, d'après les écrits vrais et supposés d'Hippocrate. Par M. LÉVEILLÉ, D. M. P., membre adjoint de la Société de Médecine de Paris. etc. Dédié à S. A. S. Monseigneur le duc d'Orléans. Un très-fort vol. in-8°, caractères philosophie, 7 f. 50 c. *Franc de port*, 9 fr.

Exposition physiologique des phénomènes du Magnétisme animal et du somnambulisme, contenant des observations-pratiques sur les avantages et l'emploi de l'un et de l'autre dans le traitement des maladies aiguës et chroniques. Par *Auguste Rouillier*, docteur en médecine de Montpellier, ancien médecin des armées, et membre correspondant de la Société du Magnétisme; 1 vol, in-8°, 4 f. *Franc de port*, 5 f.

On souscrit, chez le même Libraire, pour l'ouvrage suivant:

BIBLIOTHÈQUE du Magnétisme animal, par MM. les Membres de la Société du Magnétisme.

Cet ouvrage est publié les premiers jours de chaque mois par cahier de 96 à 100 pages, format in-8°. Le premier cahier a paru le 1er juillet 1817.

Le prix de la souscription est, *franc de port* pour toute la France, de 8 fr. pour trois mois, —— 15 fr. pour six mois —— et 26 fr. pour l'année.